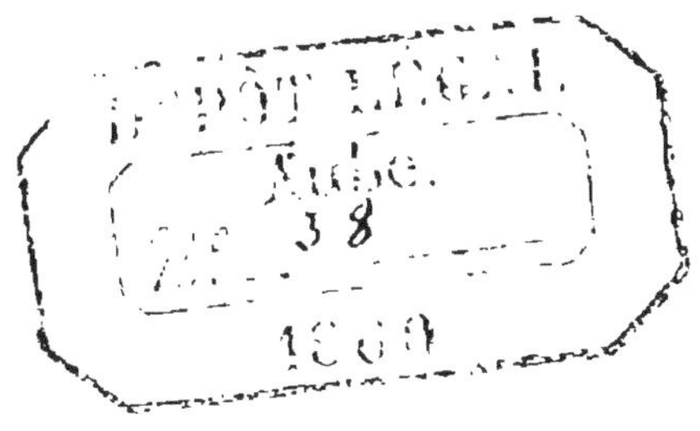

EXERCICES

POUR L'APPLICATION DES PRINCIPES

DE LA

PETITE GRAMMAIRE DE S. B.

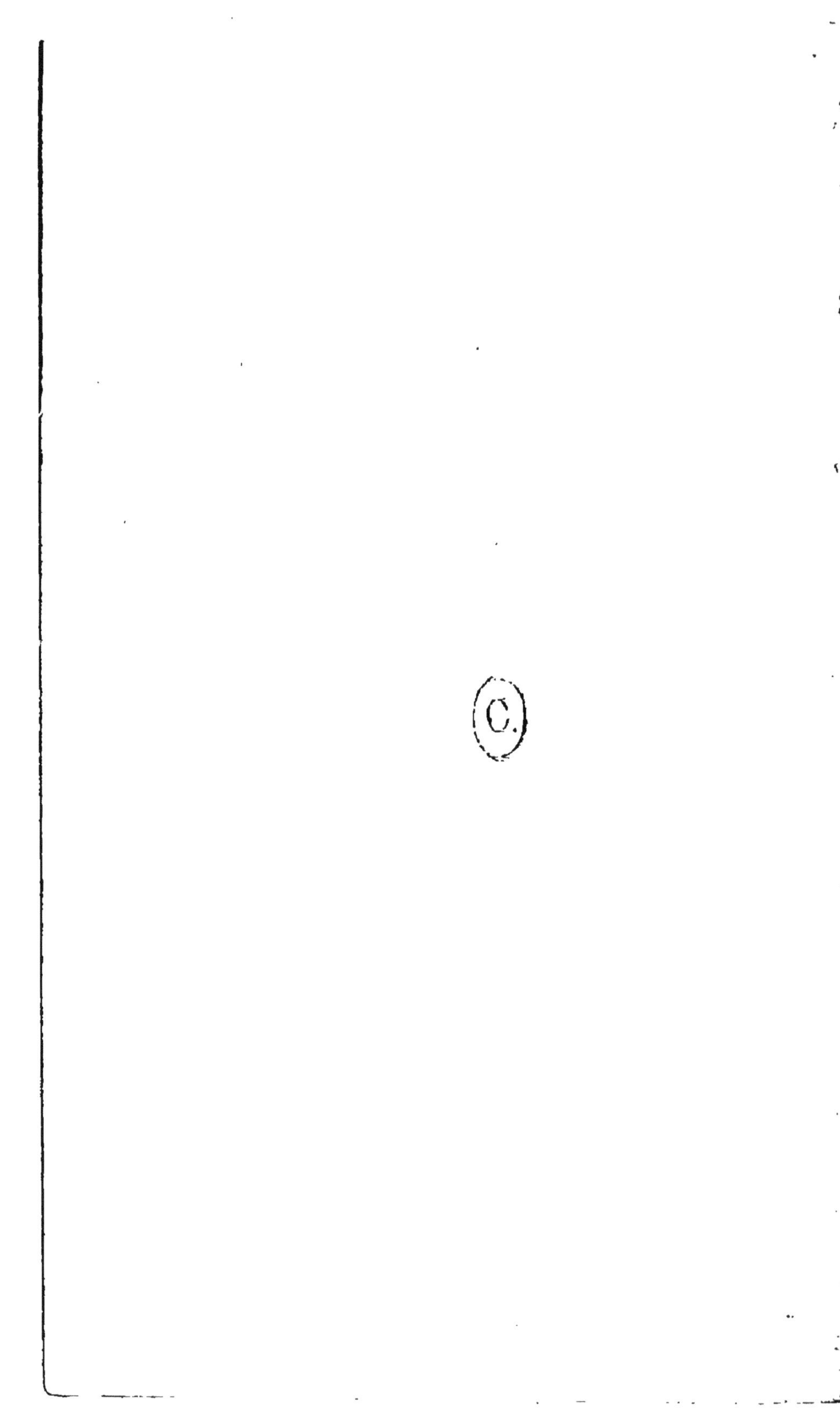

EXERCICES

POUR L'APPLICATION DES PRINCIPES

DE LA

PETITE GRAMMAIRE DE S. B.

OBSERVATIONS :

1° Il faut alors apprendre la grammaire selon l'ordre établi dans la table des matières, pages 3 et 4.

2° Les numéros placés au commencement de chaque exercice renvoient aux principes de la grammaire, dont il faut faire l'application.

I.

Soulignez les **noms.**

1. — Un chou vert, des pois secs, des haricots blancs. Un homme sage. La pomme de terre précoce. Le jardin cultivé. Jean sèmera de la laitue, de la chicorée et des carottes longues. Le panais est un légume. Marie a cueilli de beaux épinards, du persil, du céleri et du cerfeuil. Joseph et Louis, leurs

fils et leurs filles, cultivent des melons, des citrouilles et des cornichons. On a coupé nos asperges et nos artichauts. — *Ecrire les nos* 37, 38, 39, 40 *de la grammaire.*

II.

1. — Théodore et son maître ont porté au marché de la ville des poireaux, des radis gris, des petites raves, des navets ronds, des betteraves à sucre, de l'oseille et des cardons. Paul, François, Jules et Joseph sont les fils du fermier; Agathe, Thérèse et Joséphine sont ses filles. Nous avons vu dans la prairie de forts chevaux, des mulets, des vaches laitières, un troupeau de bœufs, quelques chèvres et un grand nombre de brebis. — *Ecrire les nos* 41, 42, 43, 44 *de la grammaire.*

III.

1. — Nos champs ont produit abondamment du froment, du seigle, de l'orge, de l'avoine, du sarrazin, et nos vergers ont donné des pommes, des poires, des abricots, des pêches, des prunes, des cerises, des amandes et des noix. Une basse-cour se compose de dindes, d'oies, de canards, de poules et des autres volailles. Le mètre, l'are, le stère, le litre, le gramme et le franc, sont les seules mesures qu'il soit permis d'employer. — *Ecrire les nos* 45, 46, 47, 48 *de la grammaire.*

IV.

1. — Le pommier produit des pommes, le poirier des poires, le prunier des prunes, le groseillier des groseilles, le fraisier des fraises, le framboisier des framboises, le pêcher des pêches. L'abricot vient sur l'abricotier, la cerise sur le cerisier, la merise sur le merisier, l'amande sur l'amandier, la noisette sur le noisetier, la noix sur le noyer, l'orange sur l'oranger. Le citron est donné par le citronnier, l'olive par l'olivier, le gland par le chêne, le raisin par la vigne. — *Ecrire les nos 49 à 53 de la grammaire.*

V.

Soulignez les **noms communs.**

2, 3, 4, 5. — Une génisse ou une taure est une jeune vache; un poulain est un jeune cheval; l'agneau est le petit de la brebis, la chevrette et le chevreau sont ceux de la chèvre. La France, l'Angleterre, la Russie, l'Autriche, la Prusse, la Suède, la Turquie, l'Espagne, sont les principales contrées de l'Europe. La Seine, la Loire, la Gironde, le Rhône et le Rhin, sont des fleuves français. Voici les noms des cinq parties du monde : L'Europe, l'Asie, l'Afrique, l'Amérique, l'Océanie. — *Ecrire les nos 54 à 57 de la grammaire.*

VI.

2, 3, 4, 5. — La Champagne, la Bourgogne, la Normandie, la Bretagne, la Lorraine, la Provence, le Languedoc, la Gascogne, étaient des provinces de notre patrie. Parmi les rois de France, on remarque surtout Clovis, Charlemagne, Philippe-Auguste, Louis IX, François Ier, Henri IV, Louis XIV. Les principales rivières de France sont : la Marne, l'Oise, l'Yonne, la Saône, la Moselle, la Meuse. — *Ecrire les nos* 58 à 64 *de la grammaire.*

VII.

Soulignez les **noms propres** *de l'exercice* V. — *Ecrire les nos* 62 *à* 65 *de la grammaire.*

VIII.

Soulignez les **noms propres** *de l'exercice* VI. — *Ecrire les nos* 66 *à* 70 *de la grammaire.*

IX.

Soulignez les **noms masculins.**

6, 7, 8. — Antoine, Louis, Jeanne. Joseph, Lucie, Rose, Pierre, Thérèse. Célestine, Geneviève, François, Clement, Julie, Amélie, Paul. Père, sœur, mère, femme, frère, tante, cousin, oncle, cousine, fils, neveu, nièce, fille. Brebis, lion, bélier, chien, coq, loup, lionne, cheval, taureau, bouc, lapin, chèvre, poule, chat, chienne, cerf, âne, biche, louve, jument, poisson, carpe, brochet, anguille, renard, tigre, éléphant, singe, ours, serpent, vipère — *Ecrire les nos 39 à 44 de la grammaire.*

X.

6, 7, 8. — La rose, la violette, la primevère, l'œillet, les pensées, les jacinthes, la tulipe, le muguet, les narcisses, les balsamines, les anémones, les renoncules, les lis, la marguerite, la campanule, le réséda. Le seigle, l'avoine, l'orge, le maïs, la luzerne, le sainfoin, le trèfle, les betteraves, les haricots, les lentilles, le colza, la navette, le chanvre, le lin, le pré, la vigne, les bois, la foret, la prairie. — *Ecrire les nos 45 à 53 de la grammaire.*

XI.

6. 7. 8. — Le chêne, l'orme, le charme, le tilleul, le bouleau, le noisetier, le hêtre, le peuplier, le sapin, le frêne, le noyer. Une porte, la fenêtre, le mur, une poutre, les solives, le plancher, le plafond, les carreaux, une vitre, des tables, un tableau, les bancs, les cartes, une horloge, la pendule, la montre, le poêle, un livre, les plumes, les crayons, l'encre, du papier, l'encrier. — *Ecrire les nos 54 à 61 de la grammaire.*

XII.

6, 7, 8. — Un caleçon, une chemise, le pantalon, la culotte, un gilet, des cravates, des blouses, une veste, un habit, la chaussure, les bas, les chaussettes, les sabots, les souliers, une botte, la coiffure, le chapeau, la casquette, le bonnet, les jupons, un corset, une robe, un tablier, des bottines, le ruban, une aiguille, les ciseaux, du fil, une étoffe, une épingle, la manchette, un fichu, le châle. — *Ecrire les nos 62 à 70 de la grammaire.*

XIII.

Soulignez les **noms féminins** *de l'exercice* IX. — *Réciter les nos 37 à 44 de la grammaire.*

XIV.

Soulignez les **noms féminins** *de l'exercice* X. — *Réciter les nos 45 à 53 de la grammaire.*

XV.

Soulignez les **noms féminins** *de l'exercice* XI. — *Réciter les nos 54 à 61 de la grammaire.*

XVI.

Soulignez les **noms féminins** *de l'exercice* XII. — *Réciter les nos 62 à 70 de la grammaire.*

XVII.

Soulignez les **noms singuliers.**

9, 10, 11. — Un laboureur cultive les champs; un vigneron soigne la vigne; les bûcherons coupent du bois; un terrassier travaille à la terre pour construire des chemins, des routes, ou pour creuser des fossés ou des canaux; le maçon construit les murs d'une maison; les charpentiers font des maisons de bois; le couvreur fait la toiture des bâtiments avec la tuile ou l'ardoise; le serrurier fait des serrures, des gonds et les autres ferrures pour les portes et les fenêtres. — *Ecrire et réciter les nos* 89 *à* 92 *de la grammaire.*

XVIII.

9, 10, 11. — L'ébéniste fait des meubles; les menuisiers font les planchers, les portes et les croisées, les volets et les persiennes; le maréchal ferre les chevaux; le taillandier fait des serpes, des haches, des planes, et un grand nombre d'autres outils; le cordonnier fait des chaussures de cuir; un couteau, un ciseau, un canif, un rasoir, une serpette, sont faits par le coutelier; une voiture, une herse, une charrue sont l'ouvrage du charron. — *Ecrire et réciter les nos* 93 *à* 96 *de la grammaire.*

XIX.

9, 10, 11. — Les harnais du cheval sont faits par le bourrelier et le sellier; un luthier fait des flûtes, des violons, des clarinettes et d'autres instruments de musique; un tonneau est fait par un tonnelier; un tourneur fait des chaises, des fauteuils, des boules; un van, une corbeille, un panier, sont l'ouvrage du vannier; le confiseur fait des bonbons; les lampistes font des lampes; le meunier transforme les grains en farine et son. — *Ecrire et réciter les nos 97 à 100 de la grammaire.*

XX.

9, 10, 11. — Les tailleurs font les habits de l'homme, les couturières font ceux de la femme; les bouchers vendent de la viande de bœuf, de veau, de mouton, de porc; un cloutier fait des clous; le médecin soigne les malades; le pharmacien prépare les remèdes; un potier fait des vases de terre; le chasseur tue les lièvres, les perdrix, les cailles, les allouettes. — *Ecrire et réciter les nos 101 à 105 de la grammaire.*

XXI.

Soulignez les **noms pluriels** *de l'exercice* XVII. — *Ecrire et réciter les nos 106 à 109 de la grammaire.*

XXII.

Soulignez les **noms pluriels** *de l'exercice* XVIII. — *Ecrire et réciter les nos* 110 *à* 113 *de la grammaire.*

XXIII.

Soulignez les **noms pluriels** *de l'exercice* XIX. — *Ecrire et reciter les nos* 114 *à* 117 *de la grammaire.*

XXIV.

Soulignez les **noms pluriels** *de l'exercice* XX. — *Ecrire et réciter les nos* 118 *à* 122 *de la grammaire.*

XXV.

Mettez au **pluriel** *les noms suivants :*

193. — Une oreille, la bouche, la tête, la face, le crâne, le front, la joue, une dent, la langue, un sourcil, le menton, la lèvre, une tempe, le cil, la paupière, la chevelure, la barbe, la moustache, le gosier, une épaule, la poitrine, la main, le doigt, le pouce, l'ongle, un poignet, le coude, le ventre, la hanche, la jambe, un mollet, le pied, le talon, la chair, la veine, l'artère, le muscle, le cœur, le poumon, l'estomac. — *Ecrire et réciter les nos* 123 *à* 126 *de la grammaire.*

XXVI.

193. — Le bec, la crête, la plume, une queue, une patte, une aile, un nid, un œuf, la coque, une bête, la corne, la porte, la fenêtre, la cheminée, la chambre, un cabinet, une cuisine, la serrure, la clef, une table, un fauteuil, une chaise, l'escabelle, la pelle, la pincette, un soufflet, le foyer, le chenet, une horloge, une gravure, un chandelier, la lampe, la chandelle, une assiette, un plat, la bouteille, le verre, la tasse, la cruche, une salière. — *Ecrire et réciter les nos 127 à 130 de la grammaire.*

XXVII.

193, 194. — Le dos, un fils, la fille, le fil, l'aiguille, une épingle, une vis, la croix, une loi, l'arbre, le nez, la branche, la feuille, le temps, le corps, un succès, la perdrix, un radis, une voix, la voie, le chemin, la souris, une brebis, le gaz, le riz, la bouche, le palais, le bras, un tapis, l'époux, le cadenas, le héros, un bouton, une abeille, le chat, un ours, un os, le mois, un outil, le fusil, un pas, le gril, une noix, le grenier, le crucifix, la maille, le panais. — *Ecrire et réciter les nos 131 à 134 de la grammaire.*

XXVIII.

195. — L'eau, le feu, le taureau, le drapeau, un marteau, un neveu, un ruisseau, le

château, le jeu, le noyau, le rameau, le pruneau, un tonneau, un cheveu, le caveau, un essieu, un barreau, le lieu, le chapeau, le troupeau, le vœu, un escabeau, l'épieu, un joyau, l'enjeu, le hameau, le bureau, le flambeau, l'aveu, un manteau, la peau, le blaireau, l'adieu, le bouleau, un moyeu, le fuseau, l'oiseau, l'agneau, le cerveau, le poteau, le seau, le tombeau, le lambeau, le milieu. — *Ecrire et réciter les n°s 135 à 139 de la grammaire.*

XXIX.

193, 196. — Le trou, un plan, le plant, le genou, le lit, le feuillet, le verrou, le vin, le cep, le clou, le soufre, le coq, la rose, le bibou, la graine, le coucou, le chemin, la haie, la palissade, le mouvement, le joujou, le bâton, la muraille, le verger, la garde, un monde, le pou, une plante, une herbe, la pie, le hibou, la neige, une alouette, un merle, une fauvette, le bijou, le pinson, la rivière, le moulin, le bambou, le cou, le fou, le chou, le caillou. — *Ecrire et réciter les n°s 140 à 143 de la grammaire.*

XXX.

193, 197. — Le poitrail, le pigeon, le poulet, un mot, la vertu, le soir, l'attirail, le matin, la nuit, une étoile, la blessure, le bail, la folie, le soin, la vigne, le hareng, l'émail, le jardin, le raisin, le charriot, la charrette, le corail, le chasseur, le trésor, la force, le soupirail, le banc, la corde, le vantail, l'attirail, l'épouvantail, la dette, le vitrail, une latte, le travail, une maille, la faute, le mail, la caille, la paille, le détail, le plumail. — *Ecrire et réciter les nos 144 à 147 de la grammaire.*

XXXI.

193, 194, 198. — Le canal, la maladie, le clocher, l'animal, le champ, le métal, le chant, le verglas, le logis, la contrée, la rosée, un débris, un arsenal, un amas, une vallée, le maréchal, le marais, le total, la pluie, le vent, le froid, la bourse, la bêche, le local, le bocal, un régal, la chanson, le chasselas, le bal, le buis, le puits, la pointe, le tribunal, un carnaval, le cervelas, le nuage, la parole, le chacal, la fleur, le quintal, le vassal, le propos, le mal, une nuit, un caporal. — *Ecrire et réciter les nos 148 à 151 de la grammaire.*

XXXII.

193 à 198. — Le cellier, la cave, l'arbre, la taille, la plantation, un sauvageon, une greffe, une claie, le feu, la serre, un insecte, un ver, le potage, un marteau, le clou, l'hôpital, le seuil, le bouvreuil, le corbeau, une hirondelle, la bataille, une leçon, un bijou, une glace, la boîte, un cheveu, le filleul, la filleule, un tonneau, le copeau, la racine, le noyau, le détail, le rosier, le soupirail, la

palme, le retard, un bourgeon, un bouton, la meule, la lune, le portail, le lambeau. — *Ecrire et réciter les nos 152 à 156 de la grammaire.*

XXXIII.

193 à 198. — Une latte, le tapis, la paille, le puits, la scie, une eau, la faux, une faucille, le verglas, le violon, la corde, le terreau, la violette, le pavot, la tablette, la boutonnière, un crochet, une houe, le rateau, la chasse, un four, un fourneau, le nid, le hibou, la chouette, le bœuf, l'âne, le rat, une tente, un volume, le canon, la mitraille, un boulet, un fusil, la poudre, une balle, le bal, le bail, le joujou, la rivière, un jardin, le verger, le potager, un saule, le limaçon, le trou, l'escargot. — *Ecrire et réciter les nos 37 à 44 de la grammaire.*

XXXIV.

*Mettez l'***article simple singulier** *devant chacun des noms suivants :*

12 à 15. — Chien, coquille, corbeille, chatte, animal, oiseau, poulet, dindon, oie, fleur, arbre, tableau, dame, flûte, image, fil, enfant, foule, fils, fille, fiole, pâte, or, argent, hotte, rameau, haricot, hareng, hameçon, anse, encre, hibou, craie, pierre, poussière, barrière, voûte, valeur, caprice, cri, voix, nez, baguette, semis, gril, oreille, are, stère,

litre, gramme, franc, mètre, cave, caveau, baril, bourse, prairie, dentelle, encrier, farine, gibier, huile, justice, lumière, main, ouverture, cour, giberne, lame, nez. — *Ecrire et réciter les nos 45 à 53 de la grammaire.*

XXXV.

Mettez au pluriel les noms de l'exercice XXXIV *en les faisant précéder de l'***article simple pluriel.** — *Ecrire et réciter les nos* 54 *à* 61 *de la grammaire.*

XXXVI.

Mettez **du** *ou* **de la** *ou* **de l'** *devant chacun des noms suivants :*

12 à 15. — Père, mère, fille, roi, servante, fleuve, corbeille, bord, eau, princesse, vie, vue, femme, fils, nom, soin, soie, palais, science, étude, âge, cour, frère, jour, salle, sable, meurtre, fuite, pays, prêtre, troupeau, victime, désert, buisson, terre, serpent, neige, miracle, voix, pensée, fléau, plaie, rivière, fontaine, source, sang, grenouille, maison, mouche, peste, grêle, récolte, nuée, sauterelle, refus, agneau, an, tache, tâche, mois, soir, chair, pain, ceinture, soulier, pied, levain, vérité. — *Ecrire et réciter les nos* 62 *à* 70 *de la grammaire.*

XXXVII.

Mettez **au** *ou* **à la** *ou* **à l'** *devant chacun des noms de l'exercice* XXXVI. — *Ecrire et réciter les nos* 89 *à* 96 *de la grammaire.*

XXXVIII.

Mettez au pluriel les noms de l'exercice XXXVI *en faisant précéder les masculins par* **aux** *et les féminins par* **des.** — *Ecrire et réciter les nos* 97 *à* 105 *de la grammaire.*

XXXIX.

Soulignez les **adjectifs qualificatifs.**

16. — Roi clément, bon sujet, homme méchant, écolier paresseux, table carrée, grand arbre, honnête homme, cheval fougueux, tigre cruel, robe noire, grand fleuve, magnifique palais, chose rare, jeu bruyant, pierre dure, laid animal, chemin tortueux, arbre vert, fleur blanche, rose rouge, leçon utile, agréable résidence, correction salutaire, vin pur, habit gris, nouvel an, haute montagne, vallée profonde, nouvelle terre, personne savante, enfant vif, crime odieux, voix éclatante, rivière rapide. — *Ecrire et réciter les nos* 106 *à* 113 *de la grammaire.*

XL.

16. — Terre stérile, parole inutile, combat opiniâtre, superbe ville, contrée inculte, paix

durable, parole brève, ouvrage complet, bel oiseau, petite femme, mont voisin, fournaise ardente, longue route, proche parent, fille vertueuse, fils unique, festin splendide, haute colline, bonne nouvelle, jeune maître, fidèle serviteur, opération merveilleuse, terrible affliction, saint respect, bonté inépuisable, issue secrète, passage obscur, fruit mûr, vive douleur, terreur soudaine, pluie torrentielle, obstacle insurmontable. — *Ecrire et réciter les nos 114 à 122 de la grammaire.*

XLI.

Mettez au **féminin** *les* **adjectifs** *des exercices suivants :*

199. — Une fournaise ardent, la victime innocent, l'armée vaincu, la terre promis, la protection divin, une plante vert, la fleur bleu, une chevelure brun, une pomme sain, la poire mûr, la cerise sûr, la récolte abondant, la jeune fille poli, une haie touffu, la dette national, la conduite loyal, une chose imprévu, une haut maison, une grand route, une eau bouillant, une nourriture excellent, la petit taille, une encre noir, une porte ouvert, une table rond, une feuille jauni, une beauté ravissant. — *Ecrire et réciter les nos 123 à 130 de la grammaire.*

XLII.

199, 200, 201. — Une figure bouffi, une démarche altier, la parole vrai, une léger égratignure, une pointe aigu. une idée libéral, la moisson abondant, la résolution important, une robe gris, une dépense superflu, une charge accablant, une volonté absolu, la décision ambigu, une femme effronté, une odeur printanier, une pomme cru, une fortune princier, la demeure exigu, une bête carnassier, une mesure général, la racine amer, l'âme fier, l'abeille ouvrier, la statue colossal, une conversation mensonger, la rose épanoui. — *Ecrire et réciter les nos 131 à 139 de la grammaire.*

XLIII.

199 à 205. — Une gomme ammoniac, la séance public, une dispute savante, une permission spécial, la patte velu, la rue long, une feuille oblong, la réponse malin, une joli robe, la porte ouvert, la tulipe fleuri, une mine bénin, une femme écrivain, une fille professeur, une chaise cassé, une plume fendu. une ligne effacé, la toilette frais, une chevelure blanc, une vieille femme caduc, l'armée turc, la nation grec, une allure franc, une main sec, une promenade favori. une tiers partie. — *Ecrire et réciter les nos 140 à 147 de la grammaire.*

XLIV.

206, 207, 208. — La conquête célèbre, la récréation paisible, une promenade agréable, la réplique vif, ma sœur cadet, sa détermination primitif, une coutume barbare, la dent incisif, la place net, une œuvre incomplet, une femme veuf, la vie sauf, une question indiscret, la peine excessif, la floraison magnifique, la juste demande, une saveur âcre, une noble émulation, la couleur violet, une personne discret, une façon naïf, l'espérance complet, la bonté suprême, une réponse favorable, une pensée coupable.—*Ecrire et réciter les nos 148 à 156 de la grammaire.*

XLV.

209, 210. — La liqueur vermeil, une rente éventuel, une bon manière, la religion chrétien, la puissance éternel, une table pareil, la farce bouffon, la partie essentiel, une heureux imagination, la parole doux, la voix faux, la situation réel, la croyance payen, une oie gros et gras, la valeur nul, une gentil petit fille, une couche épais, une sot frayeur, la conduite paresseux, une pêche délicieux, la recommandation exprès, la barbe roux, la connaissance superficiel, une chambre bas, la coutume égyptien, l'affection fraternel. — *Ecrire le mode indicatif du verbe* **aimer.**

XLVI.

209 à 211. — Une meilleur volonté, la construction matériel, une réflexion judicieux, l'action criminel, une allure las, une personne moqueur, une affaire majeur, une tante rêveur,

la lettre ultérieur, la pie voleur, une perquisition minutieux, la province citérieur, la sœur mineur, une affreux calamité, la situation antérieur, la cousine grondeur, une crise nerveux, la démarche postérieur, la nouvelle officiel, une nièce gouverneur, la contrée montagneux, la plaine sablonneux, la foudre vengeur. — *Ecrire le conditionnel, l'impératif, le subjonctif, l'infinitif du verbe* **aimer.**

XLVII.

199 à 213. — Une ligne vertical, le beau oiseau, la bel maison, la commission impartial, le vieux ami, la vieil histoire, la terre mol, un fou espoir, une fol entreprise, le nouveau embranchement, la nouvel embarcation, la loi moral, la qualité principal, la soirée froid et humide, une ancien connaissance, une peine cuisant, une prière humble, la végétation tardif, la marée frais, une fille laborieux, une humeur vif, une propriété communal, un vieux abus, une mauvais affaire, la bel action, une colère muet. — *Ecrire la première moitié du verbe* **rougir.**

XLVIII.

199 à 213. — Une joie contenu, l'ouvrière intelligent, une honnête femme, la nouvelle fameux, la ville assiégé, la mer profond, une haut tour, une porte secret, une eau clair, la jeunesse vaillant, une voix harmonieux, la

croyance religieux, la jupe neuf, une lecture instructif, une étoffe blanc, une ville grec, une douleur subit, une mesure faux, une marchandise trompeur, la tête nu, une peine rigoureux, la fenêtre peint, une bataille naval, une meilleur position. — *Ecrire la seconde moitié du verbe* **rougir.**

XLIX.

Mettez au féminin les adjectifs suivants :

1° *qui changent* teur *en* trice :

212. — Exécuteur, inspecteur, inventeur, persécuteur, directeur, accusateur, conducteur, consolateur, créateur, moteur, protecteur, auditeur, calculateur, traducteur, acteur, spoliateur, délateur, facteur, producteur, libérateur, instituteur, corrupteur, bienfaiteur, calomniateur.

2° *qui changent* teur *en* teuse :

Menteur, flatteur, porteur, radoteur, planteur, batteur, ajusteur, compteur, conteur, visiteur, colporteur, pointeur, prêteur, solliciteur, chanteur; ce *dernier fait aussi* cantatrice. Serviteur *fait* servante. Enchanteur *fait* enchanteresse. — *Ecrire la première moitié du verbe* **apercevoir.**

L.

Mettez au pluriel.

214, 215. — Une table ronde, un tableau noir, un père vertueux, le canal profond, la vigne gelée, le caillou dur, la fauvette bavarde, le marais desséché, la pluie torrentielle, le buis vert, l'homme heureux, le feu éteint, un enfant paresseux, une poule jaune, un lapin gris, le gros animal, le clair ruisseau, le hareng salé, le raisin mur, l'alouette matinale, la haute montagne, le soupirail étroit, le mur épais, le nuage bas, la nouvelle expédition, une eau douce, le jour long, la poudre fine, le bâton noueux, le nez long. — *Ecrire la seconde moitié du verbe* **apercevoir.**

LI.

214, 215. — Le vitrail brisé, le buisson vert, le détail inutile, la fortification détruite, la campagne riante, le pigeon coureur, l'arbre fruitier, la baguette flexible, le torrent rapide, le gros sabot, la chaussure légère, le vêtement usé, la plante vivace, la pierre taillée, le bœuf gras, le cheval vigoureux, la forêt touffue, la porte ouverte, le tilleul feuillé, le bosquet fleuri, la souris rongeuse, le repas abondant, le soin perdu, la terre inculte, le hameau épars, le voyage aventureux, la région boréale. — *Ecrire la première moitié du verbe* **vendre.**

LII.

214 à 217. — La partie âpre et stérile de la grande montagne, le village nouveau, un droit héréditaire, la violence coupable, le frère

jumeau, un geste brutal, le discours libéral, la difficulté grammaticale, le bijou précieux, le combat naval, le travail utile, le bon légume, le repas frugal, l'industrie différente, un bras fort, la ville voisine, le sentiment religieux, la ligne horizontale, le jury médical, une espèce particulière, une famille pieuse et éclairée, une invention admirable, la consolation suprême. — *Ecrire la seconde moitié du verbe* **vendre.**

LIII.

214 à 217. — Un bien communal, une observation générale, une parole dure, une poire délicieuse, un dessin original, un arbre productif, une agitation tumultueuse, un événement imprévu, une cité commerçante, le fruit hâtif, le désir ardent, la leçon instructive, le cheval rétif, l'animal sauvage, la conversation frivole, la réponse triviale, la ligne diagonale, le cheveu gris, le canal important, le bois noueux, l'armée victorieuse, le jour pluvieux, la pluie froide, l'habitude mauvaise. — *Ecrire et réciter le verbe* **avoir.**

LIV.

Faites accorder les adjectifs.

218 à 226. — Une bête malin, un beau appartement, deux sœur courageux, un vieux homme, la vieil femme, la fille fol, le fou espoir, le beau oiseau, la paille mol, une nou-

vel histoire, un nouveau arrivant, ce vieux animal, une chanson favori, les livre instructif, des femme altier, des animal craintif, des valet effronté, une servante poli, des lame aigu, trois chose pareil, des fruit vermeil, deux femme chrétien, des peuple payen, les beau pays, la corde tendu, l'heure sonné, la nuit prochain, une gloire acquis. — *Ecrire et réciter le verbe* **être**.

LV.

218 à 226. — Une chevelure long et soyeux, des femmes turc, des ville grec, des étoffe chaud et épais, des vieillard caduc, des eau frais, des fontaine bourbeux, des source tari, des chapeau noir, des prairie vert et fleuri, les moisson doré, des combat naval, des ordres général, des offre loyal, des vêtement brillant, une conduite brutal, des nombre décimal, des fraction décimal, des coutume ancien, une offense public, une guerre universel, une renommée européen, des bâtiment humide et malsain. — *Ecrire le verbe* **labourer**.

LVI.

218 à 226. — Le père et le fils content, satisfait; l'oncle et le neveu dur et intraitable; le vice et la vertu contraire; des monarque puissant; des abricot et des poire trop mûr et gâté; des ville et des village riche et commerçant; une force surnaturel; des chaussure et des vêtement étroit; la rue et le chemin boueux; des statue colossal; des parole léger; des contrée marécageux; une personne gracieux; les admirable portail de ces magnifique monument; des démarche antérieur; des parole doux et faux; des jeune fille mineur; des pomme cru; des poire cuit; des affaires majeur. — *Ecrire le verbe* **surgir.**

LVII.

218 à 226. — Des corbeau gris; mon père et votre mère inquiet; notre bon action; vos meilleur action; une histoire moral; des conte moral; les feu ennemi; des aveu complet; une marche lent et difficile; des fruit aqueux; des habitude pervers; le frère et la sœur effrayé; des secours prompt; une gloire et un nom immortel; des caractère vif et impétueux; une langue bel et harmonieux; des loi cruel; des coutume sanguinaire; la charité éternel; des perle et des diamant éblouissant. — *Ecrire le verbe* **percevoir.**

LVIII.

Mettez **mon** *ou* **ma** *devant chacun des noms de l'exercice XXV. — Consultez les nos 167 et 168 de la grammaire. — Ecrire le verbe* **prétendre.**

LIX.

Mettez **ton** *ou* **ta** *devant chacun des noms de l'exercice XXVI. — Consultez les* *nos 167 et 168 de la grammaire. — Ecrire le verbe* **parler.**

LX.

Mettez **son** *ou* **sa** *devant chacun des noms de l'exercice XXVII. — Consultez les nos 167 et 168 de la grammaire. — Ecrire le verbe* **rôtir.**

LXI.

Mettez **ce** *ou* **cet** *ou* **cette** *devant chacun des noms de l'exercice XXVIII. — Consultez les nos 169 et 170 de la grammaire. — Ecrire le verbe* **concevoir.**

LXII.

Mettez **ce** *ou* **cet** *ou* **cette** *devant chacun des noms de l'exercice XXIX. — Consultez les nos 169 et 170 de la grammaire. — Ecrire le verbe* **tordre.**

LXIII.

Soulignez les **adjectifs** *indéfinis. — Faites accorder les mots comme ils le doivent.*

175. — Donnez-lui quelque sage conseils ; il prendra d'autre résolutions ; ce sont les même objet apporté par les même personne ; tu possèdes plusieurs tonneau de vins excellent ; chaque chose doit être à sa place ; nul personne ne doit mentir ; aucun homme ne doit haïr son frère ; il ne retirera aucun avantage de cet démarche ; certain terres rapportent

plus parce qu'elles sont meilleûr; tout les hommes sont égal devant Dieu qui a créé tout choses; on t'a remarqué en maint occasions; je t'ai vu maint fois. — *Ecrire le verbe* **donner.**

LXIV.

Soulignez les **pronoms personnels** *en les surmontant de* 1 *ou* 2 *ou* 3, *selon la personne. — Corrigez.*

476 à 481. — Nous sommes tous faits à l'image de Dieu. Je vais à Paris. Tu me connais. Ce envoi est pour moi. Je te recommande à lui. Sa dernier pensée fut pour toi. Vous le conduirez chez ses parents. Il vous obéira. Elle poursuivra sa tâche. Tu pourras la ramener au bien. Nous lui redirons tes parole. Que diront-ils? Que penseront-elles? Retournez-vous vers eux? Nous leur confierons ce dépôt. Chacun pense à soi. Il faudra se hâter. Nous en reparlerons. Ne vous y fiez pas. Serions-nous assez ingrats pour vous refuser? — *Ecrire le verbe* **languir.**

LXV.

476 à 481. — Vous leur avez donné bon espérance. Tu lui as rendu ta amitié. Nous les verrons rapporter tout ces objet. Si vous voulez le voir, allez chez lui. Ramenez-la avec eux. Nous irons avec les pêcheurs, si vous y consentez. Ils reporteront tout ces chose avec

celles que tu leur as prêtées. Il ne le croira pas. Qu'en pense-t-il? Vous lisez en les attendant. Pensez-y, je reviendrai. Y retournez-vous. Tu te fatigues en courant. Laissez-nous vos outil, j'y travaillerai. J'en conviens, mais je n'en suis pas surpris. — *Ecrire le verbe* **redevoir.**

LXVI.

Remplacez ce qui est en italique par le **pronom possessif** *qui convient.*

182, 183. — Donnez-moi mon chapeau ou *son chapeau* ou *votre chapeau*. On leur accordera sa grâce ou *ta grâce* ou *ma grâce*. Je lui enverrai ces fleurs ou *tes fleurs* ou *mes fleurs* ou *leurs fleurs*. Ce seront ses frères ou *mes frères* ou *vos frères* qui remporteront le prix. Ils ont emporté nos livres et ont oublié *leurs livres* et *vos livres*. Ta maison est grande, mais *ma maison* et *leur maison* sont plus belles. Vos alliés vous ont trahi, mais *nos alliés* ont tenu à leur parole. Voyez-vous ces maisons? ce sont *nos maisons*. Nos ouvriers sont rentrés, *leurs ouvriers* rentreront deux heures plus tard. — *Ecrire le verbe* **prétendre.**

LXVII.

182, 183. — Ils ont acheté une terre et ont revendu *leur terre*. Son père est à Paris, *votre père* à Lyon, *notre père* voyage en Italic. Sa fortune a été faite avant *ta fortune*. Ses fleurs se sont fanées avant *tes fleurs*. Nos champs ont été labourés après *leurs champs*. Si c'est ta mère, c'est aussi *ma mère*. Vos moissonneurs auront fini aussitôt que *nos moissonneurs*. Notre jardin est moins grand que *leur jardin*. Ma table coûte aussi cher que *sa table*. Je ne puis vous vendre ma maison, mais les voisins vous vendront *leur maison*. — *Ecrire le verbe* **travailler.**

LXVIII.

Remplacez ce qui est en italique par le **pronom démonstratif** *qui convient.* — *Soulignez les pronoms démonstratifs.*

184 à 187. — Ce sont des monument remarquable. Ce logement est fort bien ce qui vous convient. Les deux philosophe Héraclite et Démocrite étaient de caractères bien différent : *Démocrite* riait toujours, *Héraclite* pleurait sans cesse. Cela est juste. Ceci ne vous convient pas. Ils ont vendu cette terre pour acheter celle que vous voyez plus loin : *cette terre* est pourtant plus convenable qu *celle que vous voyez plus loin*. De ces deu objet ils ont choisi *l'objet* qui leur parut l plus avantageux. De tout ces chose, je prendrais *les plus éloignées*, je laisserais *les plus proches*. — *Ecrire le verbe* **affranchir.**

LXIX.

184 à 187. — Qu'est-ce que ces deux édifice? *le plus proche* est une église, *le plus éloigné* est un hôpital. Annibal surpassait peut-être Scipion en talents militaire : on admire *Annibal* en frémissant. l'admiration qu'inspire *Spicion* est mêlée d'estime et d'affection. Les personne que j'ai rencontrées ne sont pas *les personnes* que vous avez vues. Les mœurs et non les titre décident du mérite, car *les titres* viennent du hasard, mais *les mœurs* viennent de nous. Parmi les homme de sang qui dominèrent la France à l'époque de la Terreur, il faut citer Robespierre et Marat : *Marat* périt au bain par la main d'une jeune fille, *Robespierre* par la main du bourreau. — *Ecrire le verbe* **rire.**

LXX.

Soulignez les **pronoms relatifs** *et les* **antécédents.** — *Corrigez.*

188 à 190. — Nous connaissons les homme savant dont vous venez de prononcer les nom. Les pauvre ont recueilli les fruit qui étaient dans ces jardin. Les ville auxquel vous vous adressiez et qui ont bien compris vos excellent intention, ont répondu à votre appel. Vous ignoriez que les personne qu'il fréquentait l'ont reçu chez elles. Voilà celui que nous

avons attendu pendant deux heure. Celui qui rit aujourd'hui peut-être pleurera demain. Les livre que vous désiriez sont envoyés. L'avocat qui a défendu votre cause a le mieux parlé. — *Ecrire le verbe* **marcher.**

LXXI.

488 à 490. — Les travail auxquel je me livre ne sont guère lucratif. Je reviens de la ville où vous allez. Les Israélite forcèrent Aaron à leur faire un veau d'or qu'ils adorèrent. Ce sont des soldat que rien n'étonne. Un véritable ami est un bien inestimable, celui qui l'a trouvé a trouvé un trésor. Nabuchodonosor reconnut la main qui le frappait. Balthazar fit un grand festin auquel il invita tout les grand seigneur de sa cour; il ordonna d'apporter tout les vase dont son aïeul s'était emparé à Jérusalem. — *Ecrire le verbe* **ourdir.**

LXXII.

Soulignez les **pronoms indéfinis.** — *Corrigez.*

491, 492. — Chacun sait tout ces chose. Plusieurs sont partis pour des contrée inconnu; aucun n'est revenu. Rien n'arrête son courage. On dit que vous partirez la semaine prochain. On sait bien que nul ne réussira. Quiconque nait obscur doit s'élever lui-même.

Les uns mangeaient, les autres buvaient. Personne n'ira à cet fête brillant. Quelques-unes parlèrent franchement, d'autres mentirent impunément. Tel voit une paille dans l'œil de son voisin et n'aperçoit pas une poutre dans le sien. — *Ecrire le verbe* **mordre.**

LXXIII.

Soulignez les **pronoms** *en les surmontant de* 1, 2, 3, 4, 5, *s'ils sont* **personnels, possessifs, démonstratifs, relatifs** *ou* **indéfinis.** — *Corrigez.*

176 à 192. — Le serpent dit à Ève : Pourquoi ne manges-tu pas du fruit de cet arbre? — Le Seigneur, répondit-elle, nous a défendu d'y toucher, nous disant : Mangez de tout les fruit à l'exception de ceux-là, car si vous y touchez vous mourrez. — Vous ne mourrez point repartit le serpent, mais dès que vous en aurez mangé, vous serez semblable à Dieu, connaissant le bien et le mal. Ève en cueillit, en mangea et en fit manger à Adam. Honteux de leur désobéissance, ils se cachèrent. — *Ecrire le verbe* **avoir.**

LXXIV.

176 à 192. — Dieu appela Adam : Où es-tu? — Je crains de paraître devant vous, dit Adam. — Pourquoi crains-tu? pourquoi te caches-tu, à moins que tu n'aies mangé du fruit défendu? — La femme que vous m'avez

donnée, répondit Adam, m'en a offert et j'en ai mangé. — La femme dit : Le serpent m'a trompée. — Dieu alors maudit le serpent et le condamna à ramper sur son ventre : Je mettrai, lui dit-il, des inimitié entre toi et la femme, entre sa race et la tienne; elle t'écrasera la tête. Et s'adressant à l'homme et à la femme, il les condamna à toutes sorte de maux et à la mort, et les chassa du paradis terrestre après leur avoir promis un Rédempteur. — *Ecrire le verbe* **être.**

LXXV.

Soulignez le **sujet.** — *Corrigez.*

28, 29. — Notre armée victorieux séjournera dans cet ville pendant dix jour. Votre père vous attendra tout la semaine prochain. Ces ouvrier nous ont parlé. Ils chanteront avec nous. Jacques aime ses frère. Ces gens ne travailleront pas cet été. Jules et son frère recevraient un avertissement s'ils recommençaient. On renvoya nos bagage. Nos parent écoutaient avec plaisir ce que vous disiez; vous avez parlé avec une grand facilité. Nous la fîmes griller sur des charbon ardent. Elle a renversé tout les meuble. — *Ecrire le verbe* **condamner.**

LXXVI.

28, 29. — Vous visiterez vos ami. Jules et Paul marchent très-vite. Notre demeure est bien joli. Ils ont gravi une haut montagne. Leurs champ sont couverts de recoltes magnifique. Les ambassadeurs étaient choisis dans le parti favorable à la guerre. Une tel conduite amenait une ruine imminent. Au milieu du silence je lève ma voix et j'adore cet intelligence éternel qui m'a créé. Je considerai tout ces merveille. Tu obéiras aux ordre qu'on te donnera. Il faudrait que vous intervinssiez dans cet affaire. Je ramasserai tout ces fruit. — *Ecrire le verbe* **trahir**.

LXXVII.

Soulignez les **sujets** *de l'exercice* LXIV. — *Ecrire le verbe* **gravir**.

LXXVIII.

Soulignez les **sujets** *de l'exercice* LXV. — *Ecrire le verbe* **promettre**.

LXXIX.

Soulignez les **sujets** *de l'exercice* LXX. — *Ecrire le verbe* **cultiver**.

LXXX.

Soulignez les **sujets** *de l'exercice* LXXI. — *Ecrire le verbe* **remplir**.

LXXXI.

Soulignez les **sujets** *de l'exercice* LXXII. — *Ecrire le verbe* **boire**.

LXXXII.

Soulignez les **compléments directs**. — *Corrigez.*

160, 161. — J'ai labouré mes champ les meilleur. Tu as cultivé tes fleur. Vous corrigerez vos enfant. Nous avons mangé des poire excellent. Il traversera une rivière profond. Il connait cet histoire. Vous lirez cet long lettre. Tu bâtiras ta maison. Vous fermiez la porte. Ils ouvriraient la fenêtre. Ils vainquirent les ennemi. Ils ont conclu une alliance nouvel. Portez ces fardeau. Finis tes devoir. Cueillons des fruit mûr. J'admire la beauté du ciel. Conservez avec soin les livre que je vous confie. Il a récité ses leçons. — *Ecrire le verbe* **bâtir**.

LXXXIII.

160, 161. — Profitez des observation sage que votre père vous a faites. Vous connaissez mes raison, je viens de vous les exposer. Le sort donna à Scipion le gouvernement de l'Espagne. Il déchira cet enveloppe et nous donna la lettre. Ces journal contiennent les détail relatif à la trêve conclue entre les deux puissance belligérante. Alcibiade, général grec, reconquit les province que ses prédécesseur avaient perdues. Les Carthaginois rappelèrent de l'exil les général dont ils pensaient avoir besoin. Dans ces ouvrage on trouve beaucoup de soin, d'exactitude, d'érudition. — *Ecrire le verbe* **entendre.**

LXXXIV.

160, 161. — Aux noce de Cana, Jésus fit remplir d'eau six urne de pierre ; lorsqu'on les eut emplies, il ordonna d'y puiser pour les convié, car l'eau était changée en vin. Par ce miracle, Jésus fit éclater sa gloire et sa puissance. Mathias remplaça Judas Iscariote qui trahit Jésus. Aimez vos ennemi. Faites du bien à ceux qui vous haïssent. Priez pour ceux qui vous persécutent et vous calomnient. Faites aux autres ce que vous voudriez qu'ils fissent pour vous. Priez Dieu avec grand confiance, il vous accordera ce que vous lui demanderez. — *Ecrire le verbe* **trouver.**

LXXXV.

Soulignez les **compléments indirects.** — *Corrigez.*

162, 163. — Nous travaillerons avec courage. Il se reposa sous ces arbre. Entrez dans cet maison. Plaçons ces objet sur cet table. Ayez du respect pour vos parent. Le soleil brille au-dessus de nos tête. Elisée se rendit chez la Sunamite, ressuscita son enfant et le lui rendit. Salomon se bâtit un palais magnifique ; les femme étranger l'entrainèrent à l'idolâtrie. On déposa l'Arche d'alliance dans le temple que le roi Salomon avait fait bâtir; ce roi régna pendant quarante an. Joram. Jéhu, Joachas et Joas se succédèrent sur le trône pendant la mission divine d'Elisée. — *Ecrire le verbe* **emplir**.

LXXXVI.

162, 163. — Samuel dit à Saül : le Seigneur te rejette et ne veut plus que tu règnes sur son peuple. Il se transporta ensuite à Bethléem chez Isaï, Dieu avait révélé au prophète qu'il s'était choisi un roi dans la famille de cet homme. Goliath, un géant philistin, s'avança vers le camp des Israélite et leur proposa de régler le sort de la guerre par un combat singulier; il renouvela son défi pendant quarante jour consécutif, et aucun Israélite n'osait s'avancer contre lui quoique le roi Saül eût promis une très-grand récompense au vainqueur. — *Ecrire le verbe* **consacrer**.

LXXXVII.

162, 163. — Après la malheureux campagne de Russie, Napoléon retourne en France et confie les faible reste de sa grand armée aux soin de ses général; il rassemble une armée nouvel, mais les malheur de la dernier campagne avaient relevé le courage des vaincu des expédition précédent. La Prusse, l'Allemagne, la Russie, l'Autriche, combattent contre nous. Les ennemis poursuivent les Français avec opiniâtreté. Les armée russe, prussien, autrichien, suédois, bavarois, pénètrent dans notre bel France. Napoléon se défend avec le courage d'un lion et se fait admirer par les ressource inépuisable de son génie. — *Ecrire le verbe* **noircir**.

LXXXVIII.

Faites accorder le **verbe** *avec son* **sujet**, *en employant le temps indiqué. — Corrigez.*

164, 165, 166. — La paix, la douceur, la tranquillité, *rendre* (imparfait de l'indicatif) cet maison comme le séjour des ange. Les enfant d'Israël *renverser* (passé défini) les idole; ils se *rassembler* (passé défini) ensuite à Maspha où ils *jeuner* et *présenter* (passé défini) leurs offrande à Dieu. Les Philistins *troubler* (passé défini) cet assemblée par une attaque imprévu, mais les Hébreux *demander* (passé défini) à Samuel qu'il *sacrifier* (imparfait du subjonctif) un agneau à Dieu pendant qu'ils *combattre* (conditionnel présent). C'est moi qui *manger* (futur simple) ces fruit; c'est toi qui les *apporter* (futur simple). — *Ecrire le verbe* **détendre**.

LXXXIX.

164 à 166. — Une violent tempête qu'il *essuyer* (passé défini) sur la mer, le *forcer* (passé défini) d'entrer dans une ile. Deux frere,

porter (participe présent) tout deux avec une constance égal les précieux fardeau dont ils *être* (imparfait de l'ind.) chargés, *apercevoir* (passé défini) leur père et leur mère accablé de vieillesse se tenant à la porte de leur maison; ils *laisser* (passé défini) sans hésiter, tout leur trésors et *emporter* (passé défini) leurs vieux parent sur leurs épaule. Tout les tyran de la Grèce, voyant dans Aratus le héros de la liberté le *craignait* et le *détester* (imparfait de l'ind.) — *Ecrire le verbe* **briller**.

XC.

164 à 166. — Ce spectacle *exciter* (passé défini) leur compassion et sur-le-champ ils *ordonner* (passé défini) qu'on *aller* (imparfait du subj.) secourir ces malheureux femme. Ce sont tes mauvais action qui *t'attirer* (passé défini) ces sévère réprimande. Ma fille, dites-moi, je vous *prier* (présent de l'indic.) si quelque peintre habile *faire* (plus-que-parf. de l'ind.) un portrait, et que quelqu'un tout-à-fait ignorant en peinture *prétendre* (imparf. du subj.) le réformer, croyez-vous que ce peintre n'en *être* (présent du condit.) pas offensé? Les vrai brave *consacrer* (présent de l'ind.) leur courage à la défense de leur patrie. — *Ecrire le verbe* **polir**.

XCI.

164 à 166. — Nos soldat *pénétrer* (passé défini) par cet brèche, *tuer*, *écarter*, *renver-*

ser, dissiper (passé défini) tout ceux qui s'*opposer* (imparfait de l'indic.) à leur courage. Ce sont ceux qui *travailler* (futur). Les vertu et les rare qualité de Tobie lui firent trouver grâce devant le roi Salmanazar qui le *combler* (passé défini) de biens et lui *laisser* (passé défini) la liberté de parcourir tout les régions de son empire. Tobie *user* (passé défini) de cet liberté pour aider de sa fortune ses compagnon d'exil; il *prodiguer* (passé défini) partout les aumône et les consolation. C'est toi, mon fils, qui *donner* (futur) tout ces chose. — *Ecrire le verbe* **défendre**.

XCII.

164 à 166. — Chaque pas du Sauveur *être* (imparf. de l'ind.) marqué par un bienfait ou un prodige; sur un signe, les lépreux *être* (imparf. de l'ind.) guéris, les flot irrité s'*apaiser* (imparf. de l'ind.) et les démon *quitter* (imparf. de l'ind.) les corps des possédé; à sa voix les paralytique *marcher* (imparf. de l'ind.) les aveugle *voyait*, les pêcheur du lac de Tibériade qui vainement *travailler* (plus-que-parfait de l'ind.) tout la nuit, *jette* leurs filet et font une pêche merveilleux. Il y avait à Béthanie une famille que Jésus *aimer* (imparfait de l'ind.) beaucoup; les heureux ami du Sauveur *être* (imparfait de l'ind.) deux sœur, Marthe et Marie, et Lazare leur frère. Lazare étant mort, Jésus le *ressus-*

citer (passé défini). — *Ecrire le verbe* **honorer.**

XCIII.

246 à 254. — *Conjuguez :*

Fondre, fondant, fondu, je fonds, je fondis.

Fonder, fondant, fondé, je fonde, je fondai.

XCIV.

246 à 254. — *Conjuguez :*

Lier, liant, lié, je lie, je liai.

Lire, lisant, lu, je lis, je lus.

XCV.

246 à 254. — *Conjuguez :*

Jouer, jouant, joué, je joue, je jouai.

Jouir, jouissant, joui, je jouis, je jouis.

XCVI.

246 à 254. — *Conjuguez :*

Affermer, affermant, affermi, j'afferme, j'affermai.

Affermir, affermissant, affermé, j'affermis, j'affermis.

XCVII.

246 à 254. — *Conjuguez :*

Peigner, peignant, peigné, je peigne, je peignai.

Peindre, peignant, peint, je peins, je peignis.

XCVIII.

246 à 254. — *Conjuguez :*

Confier, confiant, confié, je confie, je confiai.

Confire, confisant, confit, je confis, je confis.

XCIX.

246 à 254. — *Conjuguez :*

Souffrir, souffrant, souffert, je souffre, je souffris.

Soufrer, soufrant, soufré, je soufre, je soufrai.

C.

246 à 254. — *Conjuguez :*

Coudre, cousant, cousu, je couds, je cousis.

Vaincre, vainquant, vaincu, je vaincs, je vainquis.

CI.

246 à 254. — *Conjuguez :*

Prendre, prenant, pris, je prends, je pris.

Naître, naissant, né, je nais, je naquis (*avec l'auxiliaire* être).

CII.

246 à 254. — *Conjuguez :*

Vivre, vivant, vécu, je vis, je vécus.

Mourir, mourant, mort, je meurs, je mourus (*avec* être); *futur* : je mourrai, etc.; *conditionnel* : je mourrais, etc.

CIII.

246 à 254. — *Conjuguez :*

Faire, faisant, fait, je fais (vous faites, ils font), je fis. (*Futur* : je ferai, etc.; *conditionnel* : je ferais, etc.; *subjonctif présent* : que je fasse, etc.)

Ecrire, écrivant, écrit, j'écris, j'écrivis.

CIV.

246 à 254. — *Conjuguez :*

Dire, disant, dit, je dis (vous dites), je dis.

Boire, buvant, bu, je bois, je bus. — *Subjonctif présent* : qu'ils boivent.

CV.

246 à 254. — *Conjuguez :*

Venir, venant, venu, je viens (ils viennent), je vins. (*Futur* : je viendrai, etc.; *conditionnel* : je viendrais, etc.; *subjonctif* : que je vienne, que tu viennes, qu'il vienne,... qu'ils viennent) *avec* être.

CVI.

246 à 254. — *Conjuguez :*

Tenir, tenant, tenu, je tiens (ils tiennent), je tins. (*Futur* : je tiendrai, etc.; *conditionnel* : je tiendrais, etc.; *subjonctif* : que je tienne, que tu tiennes, qu'il tienne,... qu'ils tiennent.)

CVII.

246 à 254. — *Conjuguez :*

Ouvrir, ouvrant, ouvert, j'ouvre, j'ouvris.

Offrir, offrant, offert, j'offre, j'offris.

CVIII.

246 à 254. — *Conjuguez :*

Cueillir, cueillant, cueilli, je cueille, je cueillis. (*Futur* : je cueillerai ; *conditionnel* : je cueillerais.

Aller, allant, allé, je vais (tu vas, il va, ils vont), j'allai. (*Futur* : j'irai ; *conditionnel* : j'irais ; *subjonctif* : que j'aille, que tu ailles, qu'il aille,... qu'ils aillent.) *avec* être.

CIX.

Faites accorder les **participes**. — *Corrigez.*

237 à 239. — Ces parent sont *aimé* par leurs enfant. Des personne *environné* de péril. Une propriété *éloigné*. Nos bâtiment sont plus *élevé*. La vertu est *pratiqué* dans cet maison. Vos fleur sont plus *avancé* que les nôtre. Des difficulté *imprévu*. Les règle de l'honneur et de la probité seront *observé*. Une grâce *obtenu*. Des innocent *emprisonné*. Des projet *réalisé*. Des fraude *découvert*. Les ennemi sont *vaincu*. La besogne sera *fait*. Les précaution étant *pris*. Les filet ont été *préparé*. La récompense est *donné*.

CX.

237 à 239. — Trente kilomètre *parcouru* en deux heure. Les neige *amoncelé*, rendent les route impraticable. Des remercîment *exigé* par les convenance. Une complet ignorance des engagement *contracté*. Les autorité local ont été *requis* pour cet perquisition. Quelques rare exceptions *signalé*. Des souffrance *enduré* avec une patience admirable. Des mœurs *corrompu*. La patrie *regretté*. Par cet bel expédition, la renommée et les richesse de ce chef furent *augmenté*. Les dessein de cet excellent capitaine ont été *déjoué* par la fortune de ses adversaire.

CXI.

237 à 239. — Le Seigneur dit à Salomon : Je t'accorderai les richesse et la gloire que tu n'as pas *demandé*. La lance et la coupe que David avait *enlevé* dans la tente de Saül étaient une preuve éclatant de la négligence que les garde avaient *mis* à garder leur roi. Les charge que mon père vous a *imposé* sont lourd, je les rendrai plus lourde encore; il vous a *battu* avec des verge, moi je vous châtierai avec des églantier *chargé* de leurs épine : telle sont les parole que Roboam avait *adressé* au peuple. Les dix tribu que cet dur réponse avait *révolté* prirent Jéroboam pour roi.

CXII.

237 à 239. — Après le sacre de Charles VII à Reims, Jeanne d'Arc voulut se retirer, disant qu'elle n'était *venu* que pour la délivrance d'Orléans et le sacre du roi; mais elle céda aux instance *réitéré* du roi et courut à la défense de la ville de Compiègne qu'avait *assiégé* le duc de Bourgogne; *blessé* dans une sortie, elle fut *fait* prisonnier, *livré* aux anglais et *conduit* à Rouen; *condamné* comme sorcier, elle fut *brûlé* vif. Les Anglais n'ont jamais depuis *regagné* les province qu'ils ont *perdu*.

CXIII.

237 à 239. — Ils se sont *raconté* des chose curieux. Nous nous sommes *reconnu*, mesdames, dès cet premier entrevue. Je vous ai *envoyé* les fruit que vous avez *désiré*. Vous aviez *désiré* ces fleur et je vous les ai *donné*. Vous vous êtes *donné* la main en signe de réconciliation. Les vaisseau qu'ils ont *brûlé* avaient *appartenu* à l'ennemi. Nous vous avons *vu*, mesdames, après vous avoir *attendu* très-long-temps. Ils se sont *rencontré* la veille de leur départ. Les ennemi ont *brûlé* la ville apres l'avoir *pillé*.

CXIV.

237 à 239. — Ces enfant ont *profité* des bon leçon que leur père leur a *donné*. Les gé-

néral d'Alexandre partagèrent après sa mort les nombreux province qu'il avait *conquis*. La nation juif *placé* entre les roi d'Egypte et de Syrie, deux puissant rival, souffrit de l'ambition et de la convoitise dont ces deux souverain étaient *rempli*. Judas Machabée est un héros par la vaillance, l'intrépidité, le patriotisme qu'il a *montré*. Les nombreux ennemis que le roi d'Angleterre s'était *fait* dans son royaume ne lui avaient pas *permis* une vigoureux résistance.

CXV.

237 à 239. — On ne doit donner le titre d'heureux qu'à ces hommes que la crainte n'a point *ébranlé*, que l'inquiétude n'a point *rongé*, que les passion n'ont point *animé*, qu'une vain gloire n'a point *transporté*, que la volupté n'a point *amolli*. La mer est calme, dit-on, quand sa surface n'est point *ridé* par le vent : ainsi l'âme est tranquille si elle n'est *troublé* par aucun mouvement des passion. Ainsi qu'une ville que les sédition ont *déchiré*, une famille que la discorde a *troublé*, les cœur *déchiré* par les désir et les dessein contraire ne peuvent goûter aucune douceur.

CXVI.

237 à 239. — Ces travail, que nous avions *trouvé* seulement *ébauché* par ceux-là qui nous ont *précédé*, ont été heureusement *ter-*

miné en quelques jour. Vous avez *rapporté*, dans les lieux où vous les aviez *pris*, tout ces chose dont vous vous êtes *servi*. Les orateur que j'ai *entendu* parler étaient bien *accueilli* par leurs auditeur. Bien des insecte se sont *abrité* sous ces monceau de décombre. Nous n'avons *pu* terminer tout les constructions que nous avions *entrepris*. La fonte des neige a *fait* déborder les rivière. Ces enfant s'étaient *laissé* emporter par des mouvement d'impatience que nous avons *dû* réprimer.

EXERCICES

SUR TOUS LES PRINCIPES DE LA GRAMMAIRE.

CXVII.

Les devoir varie selon les âge, et les obligation des jeune gens sont différente de celle des vieillard. Les jeune gens doit avoir du respect pour les vieillard, et choisir parmi eux les plus probe et les plus vertueux pour s'éclairer de leurs conseil et de leur prudence, car la jeunesse a besoin d'être étayé et conduit par la prudence de la vieillesse. Les vieillards sensé se plait avec les jeune gens d'un bon naturel et supporte plus facilement le poids de leur grand âge quand ils en trouve qui les aime et qui s'attache à eux. Les jeune gens bien né se plait avec les vieillard et sont charmé d'en recevoir des leçon et des précepte qui les porte à la vertu.

CXVIII.

Un romain, Crésinus, cultivait son petit champ avec grand soin et en recueillait des fruit plus beau et en plus grand abondance que ses voisin, maître d'une propriété plus étendu. Une tel récolte excita leur jalousie et ils l'accusèrent d'user de magie pour rendre leurs terre stérile. Appelé en jugement devant le peuple, Crésinus fit apporter tout ses instrument de labour, et amena avec lui sa fille qui était une gros paysanne bien nourri et bien vêtu; il montra tout ses outil luisant, des hoyau très-pesant, une charrue bien équipé et bien entretenue. Voilà, dit-il au peuple, mes sortilége, il ne manque ici que mes sueur, mes veille et mes travaux de jour et de nuit. Il fut absous.

CXIX.

Tout les maître qui ont donné des leçon de sagesse enseigne que certains bienfait veulent être donné publiquement, et d'autres secrètement. On doit donner en public ceux qu'il est glorieux de mériter, tel que sont les récompense militaire, les honneur, et tout ce qui éclate davantage en le mettant au jour. Au contraire, les bienfait qui tend à secourir les personne dans l'affliction, dans l'indigence ou l'ignominie, doit être secret et n'être connu que de ceux qui en sont l'objet. — Les hirondelle ne manque pas à paraître en été, mais quand vient le froid elles se retire : de même, les faux ami sont assidu à vous faire la cour dans la prospérité ; mais si la fortune tourne, ils prennent tous l'essor et s'envole.

CXX.

Si le bonheur de cet vie est altéré par les infirmité du corps, combien doit-il l'être davantage par les maladies de l'âme ! Ce sont, d'un côté, l'avidité des richesse, l'ambition de la gloire, la jouissance des plaisirs ; de l'autre, les inquiétude, les souci, les chagrin qui consume et mine l'esprit. Les homme heureux méprisera les plaisir, se contentera de la vertu, ne se laissera ni enfler ni abattre par les différente révolution du hasard, saura faire un sobre usage des don de la fortune ; ils auront alors en partage une joie toujours pur, une paix et une indépendance assuré, une tranquillité d'esprit et une grandeur d'âme inaltérable.

CXXI.

Des député samnites vint trouver Fabricius, général romain, et lui ayant rappelé les service dont il les avait comblé après la paix qu'il leur avait rendu, ces député lui offrit plusieurs esclave avec une somme considérable. Ce vieillard, illustré par de grandes victoire, mangeait au coin de son feu les racine et les herbe qu'il avait arraché et cueilli dans son champ, et qu'il s'était servi dans des vase de terre. Il répondit aux envoyé des Samnite que rien ne lui manquant il ne recevrait rien de la main de ceux qui pouvait en avoir besoin. Si la maison de ce grand homme se trouva vide de l'or et des esclave des Samnite, elle se trouva rempli de la gloire qu'il acquit à mépriser ces offre.

CXXII.

Puisque les plaisir du corps déroge à l'excellence de la nature humain, ils doivent être méprisé et rejeté. Il ne faut chercher dans la nourriture et dans tout les soin du corps que la conservation des force et de la santé; il n'y a rien de plus honteux qu'une vie mol, délicat et passé dans les plaisirs; rien au contraire n'est plus digne de l'homme qu'une vie frugal et assujetti aux loi les plus sévère de la tempérance et de la sobriété. Les plaisir du corps sont fragile, passager et suivi de dégoût; le repentir et la honte en sont inséparable.

CXXIII.

Les magistrat doit être d'une humeur facile, affable et avoir l'esprit élevé, car s'ils repousse ceux qui les aborde ou qui les fatigue par leurs importunité, ils se rendront odieux et inaccessible par une mauvaise humeur inutile. Une pauvre femme conjurant le roi Philippe de lui rendre justice, il lui répondit qu'il n'avait point le temps : Cessez donc d'être roi, lui répliqua cet femme. Philippe sentit tout la force de cet parole hardi, et sur-le-champ il la satisfit et donna audience à une foule prodigieux de plaideurs qui lui demandait justice.

CXXIV.

La plus grand partie des homme se plaint de ce que leur vie est resserré par la nature dans des borne étroite, et cependant nous sommes prodigue du temps. La vie est assez long pour qui sait en faire usage : des richesse immense tombé entre les main d'un mauvais maître seront dissipé en un moment, mais quelque médiocre qu'elles soit elles suffiront et s'augmenteront si elle sont confié à une sage économie. Proposons-nous donc une vie non pas long, mais bon. Que sert à un homme quatre-vingts année passé dans une inutilité complet? Mesurons la vie par la quantité des action grande et vertueux. Accordons nos éloge aux homme qui a bien et utilement employé les jour qu'il ont vécu.

CXXV.

La médecine ne fut d'abord que la connaissance d'un petit nombre de plante avec lesquel le sang était arrêté et les plaie refermé. Dans la suite elle est parvenu à cet multitude infini de remède différent. Elle avait beaucoup moins à faire lorsque les homme menait une vie frugal et que les viande n'était point empoisonné par l'art des cuisinier. C'est de l'invention de mille sorte de sauce et de ragoût seulement propre à flatter la gourmandise que vient cet prodigieux variété de maladie, châtiments ordinaire du luxe et de la débauche; c'est la diversité des mets et la multiplicité des épice qui ont donné naissance à cet foule de maux et de médecins dont le monde est rempli, et à cet attirail de ferrement, de boîte à outil ou à onguent.

Troyes, Typographie Anner-André.

www.ingramcontent.com/pod-product-compliance
Ingram Content Group UK Ltd.
Pitfield, Milton Keynes, MK11 3LW, UK
UKHW021134230726
13926UKWH00002B/799

9 782014 450064